BEI GRIN MACHT SICH IHR WISSEN BEZAHLT

Wissensgesellschaft - was ist das eigentlich?

L. Mattern

Bibliografische Information der Deutschen Nationalbibliothek:

Die Deutsche Nationalbibliothek verzeichnet diese Publikation in der Deutschen Nationalbibliografie; detaillierte bibliografische Daten sind im Internet über http://dnb.d-nb.de abrufbar.

ISBN: 9783656541288
Dieses Buch ist auch als E-Book erhältlich.

Druck und Bindung: Books on Demand GmbH, Norderstedt Germany
Gedruckt auf säurefreiem Papier aus verantwortungsvollen Quellen

Das vorliegende Werk wurde sorgfältig erarbeitet. Dennoch übernehmen Autoren und Verlag für die Richtigkeit von Angaben, Hinweisen, Links und Ratschlägen sowie eventuelle Druckfehler keine Haftung.

Das Buch bei GRIN: https://www.grin.com/document/264706

27 Juli 2011

Wissensgesellschaft – was ist das eigentlich?

Anfangs war „Wissensgesellschaft" für mich ein Wort, das man eben benutzte, weil es da war und weil es etwas beschrieb, was zur heutigen Zeit irgendwie zu passen schien. Ich setzte mich damit auseinander und spontan flogen mir Inhalte wie „Bildung ist der Schlüssel zur Zukunft" und Ähnliche zu. Wenn ich aber tief in mich hineinhorche, dann verstehe ich es nicht. Was ist denn mit Bildung gemeint? Braucht Deutschland mehr Akademiker? Muss Deutschland nur noch aus Akademikern bestehen, damit es ein zukunftsfähiges Land bleibt? Oder soll das bedeuten, dass Menschen, die handwerkliche Berufe ausüben und deren Kunstfertigkeiten seit Jahrzeiten gut und effektiv weitergegeben werden, auch noch politik- und gesellschaftswissenschaftliche Seminare belegen müssen, um ihren Beitrag zur Gesellschaft einordnen zu können?

Es verwundert mich nicht, wieso es mir schwer fällt, diese Gedanken gut einordnen zu können. Ich habe den Eindruck, dass man jetzt unbedingt in einer neuen Epoche leben will, man streitet sich lediglich um die Definition, wann man denn jetzt endgültig darin angekommen ist. Wahrscheinlich wird der Streit nie passé sein.

In einem Interview der Süddeutschen Zeitung äußert sich Werner Fürstenberg, ein „Burn-Out-Berater" darüber, dass die Menschen „das Tempo nicht mehr aushalten" würden. Die psychischen Belastungen seien bei den Arbeitnehmern in den vergangenen 20 Jahren zusammen mit der Geschwindigkeit in der Arbeitswelt um ein Vielfaches gestiegen und die Belastungen seien potenziert worden.

Meiner Ansicht nach ist dies das deutlichste Erkennungsmerkmal der Wissensgesellschaft: alles geht immer schneller, es muss alles immer effektiver sein, selbstverständlich kostenarm und möglichst ökologisch, damit man sich daran profilieren kann. Man kann dies sehr gut bei den G8-Schülern sehen. Da sitzen dann Schüler, die (zu Recht) überfordert mit allem sind, unterrichtet von überforderten

1. Essay Seminar „Leben wir in einer Wissensgesellschaft?" SS 2010/11

27 Juli 2011

Lehrern, die seinerzeit ihr Staatsexamen gemütlich absolviert haben und müssen sich, selbst noch nicht an die Schnelligkeit gewöhnt, den Lehrplan, der in aller Eile gekürzt wurde, an die Schülerschaft weitergeben, welche den Stress allgegenwärtig mit sich mitträgt, bis ins Abitur hinein.

Dank Bachelor und damit verbundener Schnelligkeit und Effizienz (zumindest laut Intention) sind die Schüler ideal auf den folgenden massiven Stress vorbereitet. Es müssen Studieninhalte gekürzt werden, man ist nun mit verkürzter Studienzeit innerhalb 6 Semester berufsfähig. Ist das die Intention? Man will mehr Akademiker generieren durch Systeme, die schneller und effizienter sind? Das gute alte Diplom dauerte ein paar Semester länger, man hatte auch erst einen berufsqualifizierenden Abschluss, wenn man dieses erhalten hatte. Das konnte auch mal länger als die Regelstudienzeit dauern, ohne dass man Existenzängste haben muss, so wie das heutzutage der Fall ist, wenn man nur die einschlägigen Berichte in entsprechenden Zeitungen liest, in denen beispielsweise steht, dass es „kritisch wird", wenn man auch nur zwei Semester länger studiere, weil die Eingliederung in den Arbeitsmarkt dann problematisch sei.

Aber es fängt ja viel früher an. Wir alle sind mit dem dreigliedrigen Schulsystem groß geworden. Als ich in der Grundschule war, hat man es schon damals als Beleg der Dummheit anderer gesehen, sollten diese von den Lehrern für die Hauptschule vorgeschlagen worden sein. Schon damals stellte ich fest (ich hatte mir aus meiner kindlichen Neugierde die Schulempfehlungszettel all meiner Schulkameraden durchgelesen), dass die überwiegende Mehrzahl der Schüler, die von den Lehrern für die Hauptschule vorgeschlagen worden waren, von den Eltern überstimmt wurden und in eine höhere Schulform eingeteilt wurden.

Dies löste damals schon einen Gedankenprozess in mir aus und ich fragte mich, was wohl der Unterschied war zwischen Haupt- und Realschule und zwischen Realschule und Gymnasium. Ich weiß nicht, woher ich dieses Denken hatte, aber als Kind war ich der Auffassung, dass man als Hauptschüler zwangsläufig als Müllmann, als Realschüler im Büro und als Gymnasiast als Professor sein Leben

1. Essay Seminar „Leben wir in einer Wissensgesellschaft?" SS 2010/11

27 Juli 2011

verbringen wird. Damals fühlte man sich zum ersten Mal erwachsen und man wusste, eine Reise beginnt und nichts wird mehr so sein, wie es einmal war.

Hier zeigt sich also, dass ein zentraler Kern des Terminus „Wissensgesellschaft" ein Leben von Grund auf beherrschen kann: Bildung ist überlebenswichtig. Nicht nur das persönliche Prestige scheinen von der Bildungsfrage abhängig, es kommt einem so vor, als ob der Haupt- oder sogar der Realschulabschluss nur „Abstellgleise" seien und man mit ihnen nichts erreichen kann (außer später die Hochschulreife zu erlangen).

Ironischerweise scheint die Politik jedoch darauf zu setzen, dass die „niedrigeren" Schulabschlüsse ein schlechtes Image haben, denn man sieht allgegenwärtig, dass junge Menschen, die gerade einen Hauptschulabschluss erlangt haben, mit Hilfe der Höheren Berufsfachschule für Sozialassistenz es innerhalb von zwei Jahren nicht nur zu einem berufs-qualifizierenden Titel (Staatlich geprüfte/r Sozialassistent/in), sondern auch zur Allgemeinen Fachhochschulreife bringen.

So wird suggeriert, dass nur eine (Fach-)Hochschulreife erstrebenswert sei und die Option, irgendwann vielleicht einmal doch studieren zu können, scheint so verlockend, dass nur allzu viele sich nicht mit der klassischen Karriere einer Ausbildung nach dem Haupt- oder Realschulabschluss zufrieden geben, sondern sich allein schon aus Angst vor möglicher Arbeitslosigkeit die Option eines späteren Studiums sichern wollen.

Ein Beleg dafür ist beispielsweise das Fach Soziale Arbeit. Viele Sozialassistenten und Erzieher möchten gerne aus finanziellen Gründen oder um sich fortzubilden ein Studium der Sozialen Arbeit aufnehmen. Schaut man sich die Bewerberzahl zum WS 2010/11 der FH Frankfurt am Main an, so stellt man mit Entsetzen fest, dass sich 3739 Bewerber auf 220 Studienplätze beworben haben.

1. Essay Seminar „Leben wir in einer Wissensgesellschaft?" SS 2010/11

27 Juli 2011

So viele Studienwillige gab es in diesem Fach noch nie und die Prognose der Fachhochschule Frankfurt am Main lautet nach einem entsprechenden Facharti-kel steigend.

Dass viele Sozialarbeiter ihrem Beruf gar nicht wirklich nachgehen können, wird auch außen vor gelassen. Viele klagen über 400-Euro-Jobs in privaten Wohl-fahrtsverbänden, Teilzeitjobs oder Tätigkeiten, für die sie bereits als Erzieher qua-lifiziert waren.

Ist die Bildungsschwemme also nicht gut? Kann es sein, dass Deutschland sich selbst entwertet, weil es zu viele Akademiker generieren will?

Ich stehe der so genannten „Wissensgesellschaft" skeptisch gegenüber, da ich trotz vielfältiger Lektüre immer noch nicht wirklich etwas mit diesem Begriff an-fangen kann. Klar scheint nur, dass wir uns immer weiter von der Industrialisie-rung weg bewegen in eine Art „Zukunft", in der viel mehr auf vernetztes Wissen und Bildungstitel geachtet wird als es früher noch der Fall war. Jedoch darf man nicht vergessen, dass wir uns mitten in einer Entwicklung befinden, die in ihren Ausmaßen nur zu erahnen ist. Ständig ändert die Schulpolitik ihre Anforderungen an die Schüler, ständig ist man neuen Technologien und

Entwicklungen ausgesetzt. Wer hätte in den 80er Jahren noch ernsthaft gedacht, dass 20 Jahre später Wissen so einfach abzurufen sei und sich so vieles so schnell in der Welt vernetzt?

Solange die Globalisierung in vollem Gange ist, können wir nur temporäre Zeitdi-agnosen erstellen, diese miteinander vergleichen und analysieren und eine Ten-denz sehen, wohin wir uns alle entwickeln.

Fest steht für mich lediglich, dass wir uns erst am Anfang bzw. an der Schwelle zu einer neuen Zeitepoche befinden. Was wir uns vor 10 Jahren bereits noch nicht zu erträumen wagten, ist nun pure Realität. Der Gedanke, permanent mit ande-ren Menschen in Kontakt stehen zu können, günstig zu handeln, zu reisen, etc.

1. Essay Seminar „Leben wir in einer Wissensgesellschaft?" SS 2010/11

27 Juli 2011

lässt erahnen, dass es eventuell in den nächsten 10 Jahren zu Entwicklungen kommen wird, die wir jetzt nur schwerlich fassen können.

Sollte die Dampfmaschine das große Zugpferd der Industrialisierung gewesen sein und das Internet jenes der Wissensgesellschaft, so wissen wir doch noch lange nicht, was uns noch erwarten wird.